EACHTRA DE CHUID
ASTERIX
ARNA CHUR I LÁTHAIR
GOSCINNY AGUS UDERZ

ASTERIX I gCOILL NA CINSEALACHTA

TÉACS LE **RENÉ GOSCINNY**   LÉARÁIDÍ LE **ALBERT UDERZO**

GABRIEL ROSENSTOCK
A CHUIR I nGAEILGE

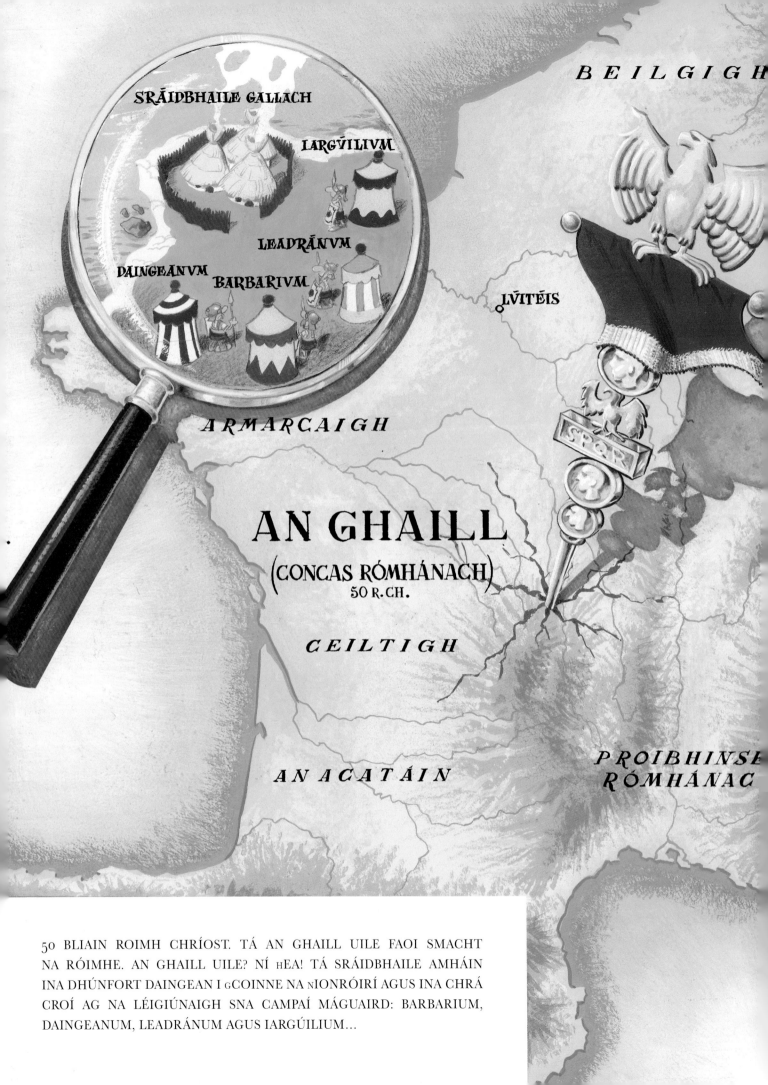

SRÁIDBHAILE GALLACH

IARGÚILIVM

LEADRÁNVM

DAINGEANVM   BARBARIVM

ARMARCAIGH

BEILGIGH

LVITÉIS

AN GHAILL
(CONCAS RÓMHÁNACH)
50 R.CH.

CEILTIGH

AN ACATÁIN

PROIBHINSE
RÓMHÁNAC

50 BLIAIN ROIMH CHRÍOST. TÁ AN GHAILL UILE FAOI SMACHT
NA RÓIMHE. AN GHAILL UILE? NÍ hEA! TÁ SRÁIDBHAILE AMHÁIN
INA DHÚNFORT DAINGEAN I gCOINNE NA nIONRÓIRÍ AGUS INA CHRÁ
CROÍ AG NA LÉIGIÚNAIGH SNA CAMPAÍ MÁGUAIRD: BARBARIUM,
DAINGEANUM, LEADRÁNUM AGUS IARGÚILIUM...

ASTERIX: LAOCH AN SCÉIL SEO. TRODAÍ BEAG GLIC, AGUS ÉIRIM BHEOGA ANN. AIRSEAN A LEAGTAR GACH EACHTRA CHONTÚIRTEACH. TAGANN NEART AS CUIMSE ANN NUAIR A ÓLANN SÉ AN TÉILICSIR A DHÉANANN OGAMAIX.

OBELIX: DLÚTHCHARA ASTERIX. SAOTHRAÍONN SÉ A BHEATHA AG SEACHADADH LIAGÁN. FEAR MÓR TRODA AGUS FEOIL TOIRC. I GCÓNAÍ RÉIDH LE DUL AR EACHTRA LE HASTERIX AGUS A MHADRA BEAG, CÚ GLASAIX, LENA SHÁLA. MADRA É SIN A BHFUIL A CHROÍ ISTIGH SA DÚLRA AIGE AGUS A LIGEANN GLAM AN ÉADÓCHAIS AS NUAIR A LEAGTAR CRANN.

OGAMAIX: SEANDRAOI AN TSRÁIDBHAILE, A BHAILÍONN AN DRUALUS AGUS A DHÉANANN DEOCHANNA LEIGHIS. NÍL AON DEOCH IS IONTAÍ NÁ AN TÉILICSIR A THUGANN NEART AS CUIMSE DÓIBH SIÚD A ÓLANN É. AGUS NÍ HÉ SIN AN TAON CHLEAS ATÁ AIGE...

DÁNDÍRIX, FILE: NÍLTEAR AR AON AIGNE FAOINA CHUID DÁNTA. DAR LEIS FÉIN GO BHFUIL SIAD THAR CIONN; DAR LE GACH DUINE EILE GO BHFUIL SIAD LÉANMHAR. IS BINN AN BÉAL SEO INA THOST...

TAOISIX: FEAR CEANNAIS NA TREIBHE. MÓRGA, CRÓGA, COILGNEACH, TÁ MEAS AR AN SEANLAOCH I MEASC A MHUINTIRE FÉIN. CUIREANN A AINM CRITHEAGLA AR NAIMHDE NA TREIBHE. NÍL ACH RUD AMHÁIN A CHUIREANN EAGLA AR THAOISIX: GO DTITFIDH AN SPÉIR SA MHULLACH AIR. ACH, MAR A DEIR SÉ FÉIN, "NÍ THARLÓIDH SIN INNIU NÁ AMÁRACH!"

AN SRÁIDBHAILE BEAG SA GHAILL A BHFUIL SEAN-CHUR AMACH AGAINN AIR; GRIAN AN EARRAIGH OS CIONN NA FORAOISE, FORAOIS ATÁ AG CUR THAR MAOIL LE TOIRC, TOIRC ALLTA BHLASTA. IS MAR SIN A BHÍ RIAMH AGUS IS MAR SIN A BHEIDH GO DEO...

...AR NDÓIGH, LÁ BREÁ ÉIGIN, D'FHÉADFADH SÉ A BHEITH **MAR SEO!**

...AN BHFÉADFÁ A RÁ LINN, A CHAESAIR, CÉN BHRÍ ATÁ LEIS SEO?

SEO SEO, AN GÁ GACH RUD A MHÍNIÚ? GHÉILL CEANNASAÍ NA nGALLACH, AN TUASAL ÍSEAL VERCINGETORIX, DO CHEANNAIRE NA GAILLE UILE...

...CEANNAIRE NA GAILLE UILE, AB EA? NÍ hEA MUISE! CHUIR BAILE BEAG BARBARACH INA CHOINNE – AGUS TÁ SIAD FÓS INA CHOINNE!

CÉN CEANNAIRE É SEO?

É FÉIN. TAGRAÍONN SÉ I gCÓNAÍ DÓ FÉIN SA TRIÚ PEARSA.

TÁ SÉ THAR BARR!

CÉ ATÁ?

BHUEL... TUSA!

Á... EISEAN!

TÁ ÍOCSHLÁINTE AG NA GALLAIGH SIN A THUGANN NEART AS CUIMSE DÓIBH; COTHAÍONN AN FHORAOIS IAD AGUS COSNAÍONN SÍ IAD AR SHIBHIALTACHT NA RÓIMHE...

DÁ RÉIR SIN, TÁ BEARTAITHE AGAM ÁR SIBHIALTACHT FÉIN A BHRÚ ORTHU. LEAGFAR AN FHORAOIS AGUS INA hÁIT BEIDH PÁIRC PHOIBLÍ!

PLAB!

TÓGFAR TITHE CÓNAITHE MÓRTHIMPEALL AN TSRÁIDBHAILE DO PHLANDÁLAITHE ÓN RÓIMH. I gCEANN NA hAIMSIRE BEIDH AN SRÁIDBHAILE GAN TEANGA, GAN ANAM – É INA IONAD SAOIRE, SIN UILE! ✷

✷ NÍL AN SAOL ATHRAITHE MÓRÁN Ó SHIN.

5

CHUIGE SIN, TÁ IARRTHA AGAM AR AILTIRE ÓG CUMASACH ÓN RÓIMH TABHAIRT FAOIN TOGRA SEO. A CHAIRDE, IS É SEO EASTÁTUS FAUNUS.

TÁ SCATA INSULAE* TÓGTHA AG EASTÁTUS FAUNUS AGUS IS DAINGEAN IAD...

*ÁRASÁIN

...ANUAS AIR SIN, CHUIR SÉ AN CHÉAD SORCAS COIS BÓTHAIR AR BUN...

...AGUS OLL-TABERNAE* INAR FÉIDIR RUD AR BITH AS ÁIT AR BITH A CHEANNACH...

DAOIR
DEALBHA
GLIAIRÍ

SIAMSA AGVS DRVIS

BALSAIM AGVS VNGTHAÍ

*TABERNAE: SIOPAÍ

...CHOMH MAITH LE LINNTE SNÁMHA AGUS TOIBREACHA TEO NÁR SÁRAÍODH Ó SHIN.

NA TOIBREACHA TEO

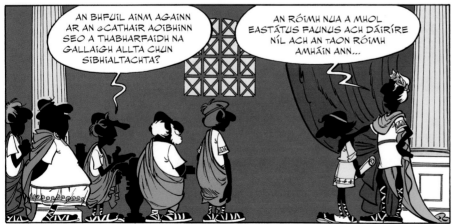

AN BHFUIL AINM AGAINN AR AN GCATHAIR AOIBHINN SEO A THABHARFAIDH NA GALLAIGH ALLTA CHUN SIBHIALTACHTA?

AN RÓIMH NUA A MHOL EASTÁTUS FAUNUS ACH DÁIRÍRE NÍL ACH AN TAON RÓIMH AMHÁIN ANN...

MAR SIN MHOLAS-SA GO DTABHARFAÍ "COILL NA CINSEALACHTA" AR AN ÁIT – AINM A SPREAGFAIDH NA PLANDÁLAITHE IS CINNTE.

3

IDIR AN DÁ LINN, TÁ AN TSÍOCHÁIN I RÉIM I NDÚICHE NA SEANDÉITHE CEILTEACHA. NÍL IMNÍ ACH AR NA TOIRC ALLTA...

TÁTHAR CHUGAINN! TÉIMIS I BHFOLACH SNA SCEACHA!

BOING!

DÓIBHSAN IS CEART DUL I BHFOLACH! IS LINNE AN FHORAOIS TAR ÉIS AN TSAOIL!

...AGUS DEICH DTROITHE – NÓ, DE RÉIR NA DTOISÍ NUA IMPIRIÚLA, DEICH DTROITHE, DORN AMHÁIN AGUS CEITHRE ORDÓG...

???

TOSAÍMIS AG TOMHAS AS AN NUA.

GLASAIX! GABH I LEITH!

GRRRRRRAOOO

AAAÚ!

MO THÓINÍN BOCHT! ORDAIGH DÓ ÉIRÍ AS!

TÁ GO MAITH, ACH NÍ MAITH LEIS ÉINNE AG CUR ISTEACH AR NA CRAINN.

SEO LEAT, A GHLASAIX, NÓ BAINFIDH SÉ DO GHOILE DHÍOT.

CAD A THUG ORAIBH TEACHT ISTEACH SAN FHORAOIS? IS MAITH NÁR BAINEADH TUBAISTE DHAOIBH.

IS DEACAIR TEACHT AR NA TOIRC INNIU!

TÉANN SIAD I BHFOLACH AR AN GCÚIS IS LÚ.

NÍ MAITH LEO BOLADH NA RÓMHÁNACH, TÁ AN MÉID SIN CINNTE.

CINNTE TÁ BOLADH BRÉAN UATHU.

FÉACH, A ASTERIX! B'FHIÚ GLASAIX A THRAENÁIL I GCEART. TÁ RUD ÉIGIN AG CORRAÍ SA SCEACH.

FÁG FÚMSA É !

HÉÉÉÉÉ!

?!

LIG DOM MO GHNÓ A DHÉANAMH!

NÍL AON GHNÓ AGATSA ANSEO!

AGUS TÁ AN RUAIG CURTHA AGAT AR NA TOIRC!

PAFF!

AR BALL BEAG...

NÍ MAITH LIOM LUCHT SCANRAITHE NA dTORC! NA CRÉATÚIR! SEANCHAIRDE SINNE AR nDÓIGH ACH CUIREANN BRÉANTAS NA STRAINSÉIRÍ MASMAS ORTHU.

B'FHEARR FOCAL A BHEITH AGAM LENÁR gCEANNAIRE. NÍ GNÁCH DON RÓMHÁNACH ÁR gCOILLTE BEANNAITHE A THRUAILLIÚ!

RÓMHÁNAIGH SA CHOILL ?!?

NÍOR MHISTE SÚIL A CHOIMEÁD AR RÓGAIRÍ NA RÓIMHE! NÍ COSÁN POIBLÍ ATÁ SAN FHORAOIS. DAR TÚTATAIS, NÍ SA BHAILE ATÁ SIAD ANOIS!

AMUIGH AG TOMHAS A BHÍ SIAD, DEIR TÚ?... N'FHEADAR CAD CHUIGE? NÍ AR MHAITHE LE SPÓRT É!

TÁ DROCHFHUADAR FÚTHU, A DHRAOI OGAMAIX!

AGUS MÁ DHÉANANN SIAD DOCHAR DON TIMPEALLACHT...

OTHARLANN CHAMPA NA RÓMHÁNACH SA DAINGEANUM...

THUGAS FOLÁIREAMH DUIT, A EASTÁTUS. IS DREAM FIÁIN AR FAD IAD NA GALLAIGH AGUS NÍ MAITH LEO ÉINNE A BHEITH AG CUR ISTEACH ORTHU.

ACH, A THÓINIBUS! SUÍOMH CHOILL NA CINSEALACHTA ATÁ SAN FHORAOIS SIN! BÍODH AN DIABHAL AG MUINTIR NA HÁITE!

TÁ RÉ NA SIBHIALTACHTA BUAILTE LINN! CAITHFEAR NA CRAINN A LEAGAN!

SEACHAIN NACH SINNE A LEAGFAR.

TÁ ORDUITHE TUGTHA AG CAESAR DON ARM SEASAMH MAR BHALLA CHUN AN TIONAD TÓGÁLA A CHOSAINT!

FAN SOCAIR, LED' THOIL!

TÁ GO MAITH, OIBREOIMID FAOI CHOIM NA HOÍCHE. BEAGÁN AR BHEAGÁN, MAR A ITHEANN AN CAT AN SCADÁN.

MAR IS TOIL LEAT FÉIN... ACH NÍ SCANRAÍONN NA GALLAIGH MISE.

RÉIDH, A DHOCHTÚIR KILDARUS?

NÍLIM ACH AG TOSNÚ, IS OTH LIOM A RÁ...

AN OÍCHE SIN, CUIREADH SCATA DAOR AG MÁIRSEÁIL CHUN NA FORAOISE BEANNAITHE, GOTAIGH INA MEASC AGUS DAOIR AS NÚMIDIA, HIBERNIA AGUS ÁITEANNA EILE NACH IAD.

GO BREÁ! TÁIMID TAGTHA! TÁ'S AGAIBH CAD ATÁ LE DÉANAMH! NA CRAINN...

FUIIIIISSSSST, DAR SILVEÁNAS! TÁ CIÚNAS IOMLÁN UAIM. NÁ CLOISIM GÍOG NÁ MÍOG UAIBH, NÁ FEAD FUIPE – TÁ CLUASA AR NA COILLTE!

CHUN SAOTHAIR LIBH.

AYYAAAYYAAYYAAAY...

CAD A BHÍ ANSIN?

NA DAOIR AS AN IBÉIR. NÍ OIBREOIDH SIAD GAN AMHRÁN SAOTHAIR A RÁ.

GO BREÁ. SAORTAR ÓNA NDUALGAIS IAD.

ACH...

OLÉ!

AR MO SHABHÁIL DOM SIAAAAAAAAAR...

LUCHT HIBERNIA IAD SIN.

NÍL AON GHÁ AGAINN LEO.

PARDÚN... IS LÚSATÁNACH MÉ. ✳

SEA?

✳PORTAINGÉALACH

BHUEL, NÍ AMHRÁNAÍ MAITH MÉ ACH D'FHÉADFAINN DÁINÍN A AITHRIS DUIT MÁS MIAN LEAT...

IASC ÚR!
IASC ÚR!

CAD ATÁ AG TARLÚ, A DHRAOÍ? GHLAOIGH AN COILEACH ACH NÍL AN GHRIAN AR AN AER FÓS!

N'FHEADAR, A ASTERIX... ACH NUAIR A GHEALFAIDH AN LÁ FÉACHAIMIS CAD ATÁ AG TITIM AMACH SAN FHORAOIS!

AR AIS SA LEABA LEAT, A OBELIX. BEIDH GO LEOR LE DÉANAMH AMÁRACH.

ACH TÁ CEANN ACU SEO LE SEACHADADH AGAM ROIMH AN MBRICFEASTA...

NUAIR A D'ÉIRIGH AN GHRIAN, FAOI DHEIREADH...

CAD ATÁ Á LORG AGAINN, A ASTERIX?

NÍL A FHIOS AGAM FÓS, A OBELIX.

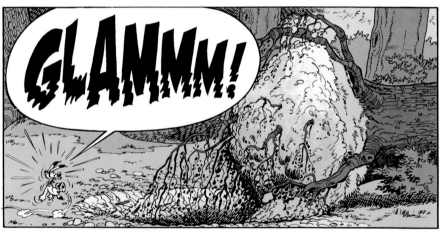

GLAMMM!

GLASAIX BOCHT! AN BILE A THIT A BHAIN PREAB AS!

FAN SOCAIR. CUIRFIDH MISE GACH RUD AR AIS INA ÁIT FÉIN!

STEANG!

NÁ BÍ BUARTHA, A GHLASAIX. NÍ FAIC É.

CAITHFEAR AN DRAOÍ A CHUR AR AN EOLAS FAOI SEO. NÍ CHODLÓIMID NÉAL GO MBEIDH FIOS AN SCÉIL AGAINN.

AN BHFUIL FÚT DUL AR AIS SAN FHORAOIS ANOCHT?

TÁ AR nDÓIGH! CAITHFEAR NA CRAINN A LEAGAN AGUS COILL NA CINSEALACHTA A BHUNÚ! AR AON CHUMA, NÍ CHUIREANN NA GALLAIGH GHRÁNNA SIN ISTEACH NÁ AMACH ORMSA!

IS DIAMHAIR AN DREAM IAD – TÁ SIAD IN ANN COMHRÁ A DHÉANAMH LEIS NA CRAINN.

BEATI PAUPERES SPIRITU!

AN OÍCHE SIN...

ÉISTIGÍ LIOM, A GACH DUINE. DÉANAIGÍ RÉITEACH TIMPEALL AR AN gCRANN SIN A LEAGAMAR ARÉIR.

A EASTÁTUS! AN CRANN A LEAGAMAR ARÉIR, TÁ A CHUID FRÉAMHACHA AIMSITHE ARÍS AIGE.

!

CA... CA... CAD DÚRAIS?

CA... CA... CACADÚDAL!

IASC ÚR! IASC ÚR!

OBAIRMEICNIX

ÉIST, A PHLEIDHCE!

OBAIRMEICNIX

PLEIDHCE? MÚINFIDH MISE THÚ!

13

SILVEÁNAS ÁR RÉITEACH!

FÉACH.

NÍ THUIGIM É MAR SCÉAL... ACH NÍ MÓR DÚINN TREABHADH AR AGHAIDH... NÁ HABAIR FAIC LE HÉINNE!

AN MHAIDIN DÁR GCIONN...

BAIL Ó SHILVEÁNAS AR AN OBAIR, A EASTÁTUS FAUNUS.

IS IONADH LIOM GUR CHEADAIGH NA GALLAIGH É... CAITHFIDH GUR THUIGEADAR GUR FEAR ÚDARÁSACH THÚ, AINNEOIN GACH COSÚLACHTA...

AN RUD A BAINEADH SAN OÍCHE IS SA LÓ A CUIREADH É.

FÉACH AIR SEO, A GHLASAIX, BEIDH IONTAS ORT!

FLIPPPP! FLIPPPP! FLIPPPP! FLIPPPP! FLIPPPP!

AN OÍCHE DÁR GCIONN...

NÍ MIAN LIOM BREATHNÚ... AN BHFUIL AN RÉITEACH FÓS ANN?

SIN AN EAGLA A BHÍ ORM. IS CUMA, AR AGHAIDH LINN.

HOMBRE, OBAIR IN AISCE AN OBAIR MHASLACH SEO. AGUS NÍ ÍOCTAR SINN FIÚ!

17

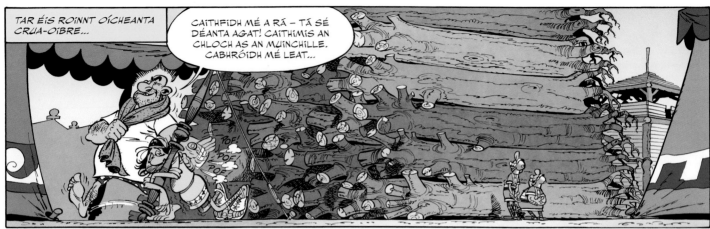

TAR ÉIS ROINNT OÍCHEANTA CRUA-OIBRE...

CAITHFIDH MÉ A RÁ – TÁ SÉ DÉANTA AGAT! CAITHIMIS AN CHLOCH AS AN MUINCHILLE. CABHRÓIDH MÉ LEAT...

AGUS ABAIR LE CAESAR CÉ CHOMH DÍOGRAISEACH IS A BHÍOS... SEO LINN!

CÉN ÁIT?

AN SUÍOMH TÓGÁLA, GAN DABHT. CAITHFIDH GO BHFUIL RÉITEACH MÓR ANOIS ANN.

ACH... MÁ IONSAÍONN NA GALLAIGH GHRÁNNA SINN?

DHERA. FEICFIMID AG TEACHT IAD, NA SUARACHÁIN.

BHUEL? CÁ BHFUIL AN RÉITEACH?

SILVEÁNAS DÁR RÉITEACH!

NÍL AON RÉITEACH AIR SEO. CAD AS AR THÁINIG NA LOMÁIN?

CLAÍC

?!

AS SEOOO! BUUHUUUU!!

NÍ ÉIREOIDH MÉ AS! FIÚ MÁ CHAITEAR GACH BRAON D'ALLAS NA nDAOR!

AR CHUALA TÚ É SIN? NA DAOIR BHOCHTA A CHUR AG SCLÁBHAÍOCHT... TÁ SMAOINEAMH AGAM!

NÍ BHÍONN AON EASPA SMAOINTE ORTSA!

NÍOS DÉANAÍ...

CÉN FÁTH AR THUG AN DRAOI AMFARA ÉILICSIR DUIT?

FEICFIDH TÚ ACH NÍL TUSA CHUN BRAOINÍN DE A FHÁIL!

COINNÍTEAR NA DAOIR ANSEO. TUGANN NA HÚDARÁIS SOLÁTHAR DÍREACH AR AN GCÓRAS.

IS MÓR AN SCANNAL É GAN AMHRAS. FAN BOG GO FÓILL...

GLAOIGH AR NA GARDAÍ.

A GHARDAÍ, FÓIR ORM!

NÍ HEA, MAR SEO!

FÓIR AIR, A GHARDAÍ!

AR BALL BEAG...

CÉ ATÁ MAR URLABHRAÍ THAR CEANN NA nDAOR?

BÉILÍN, AS NUMIDIA.

AN DTAITNÍONN SÉ LEAT A BHEITH I DO DHAOR, A BHÉILÍN?

TÁIMID SAOR CHUN SCLÁBHAÍOCHT A DHÉANAMH...

CÉN FÁTH NACH NÉIREODH SIBH AMACH IN AGHAIDH NA RÓMHÁNACH?

IS FUSA É A RÁ NÁ É A DHÉANAMH. NÍ LEASC LENÁR MÁISTRÍ SINN A LASCADH – TÁ SIAD NÍOS LÁIDRE NÁ SINN.

MÚSCLÓIDH SÉ SEO DO MHISNEACH.

?

21

TÁ A CHUID FADHBANNA FÉIN AG TÓINIBUS, AN SOCRÚ IDIR EASTÁTUS FAUNUS AGUS NA DAOIR — GAN TRÁCHT AR AN ÉILICSIR — RUD A CHIALLAÍONN GUR FÉIDIR LEANÚINT AR AGHAIDH I MBUN TÓGÁLA ARÍS...

Ó...

...LÁÁÁ!

CRAIC!

Ó THOSNAÍOMAR Á ÍOC, TÁ FEABHAS MÓR TAGTHA AR A GCUID OIBRE.

AN-INFHEISTÍOCHT GO DEO, CAITHFIDH MÉ A RÁ.

AGUS SÁBHÁIL AR AN LASCADH!

NÍ THUIGIM, A ASTERIX. MHEASAS GO RABHADAR CHUN ÉIRÍ AMACH IN AGHAIDH NA RÓMHÁNACH SEACHAS COMHOIBRIÚ LEO...

HÉ! TÁ AN CRANN AG BOGADH!

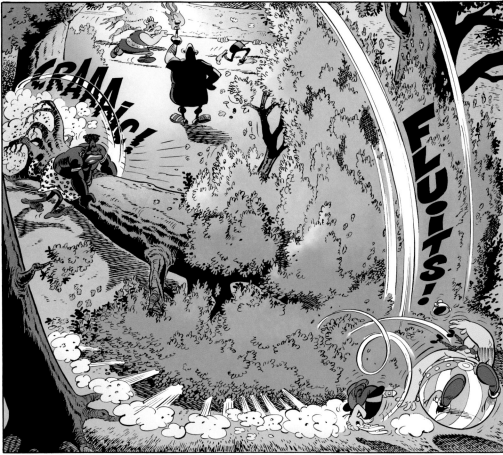

CRAAÁIC!

FLUITS!

A BHÉILÍN! CÉN FÁTH A BHFUIL NA CRAINN Á STOITHEADH AGAT?

IMIGH LEAT, NÍL CEAD AG AN BPOBAL A BHEITH AR AN SUÍOMH TÓGÁLA.

ACH, A BHÉILÍN, ÉIST LIOM...

A SHAOISTÍ! BRAITHIM BEAGÁINÍN LEISCIÚIL — TAGAIGÍ IS TUGAIGÍ LASC DOM!

20

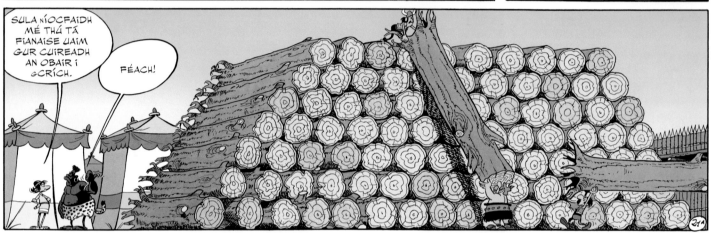

A CHEANTÚIR! NÍL JAB MAITH Á DHÉANAMH AGAIBH. CAITHFEAR AN SUÍOMH A CHOSAINT AR NA GALLAIGH AGUS GAN LIGEAN DÓIBH CRAINN NUA A CHUR IN ÁIT NA GCRANN STOITE!

TÁ NA LÉIGIÚNAIGH AR STAILC ACH BEIDH BABHTA EILE COMHRÁITE INNIU AGAINN. IS MIAN LEO SOS NÍOS FAIDE A GHLACADH.

IDIR AN DÁ LINN...

IS MIAN LIOM LABHAIRT LE BHUR GCEANNAIRE.

INA BHOTHÁN ATÁ SÉ.

IS IONANN CUR ISTEACH AR OBAIR NA NDAOR AGUS STOP A CHUR LENÁR MÁIRSEÁIL CHUN NA SAOIRSE.

NUAIR A LEAGANN SIBHSE NA CRAINN CUIREANN SIBH ISTEACH AR GHLASAIX IS AR NA PRÉACHÁIN...

...IS NA TOIRC ALLTA...

ADMHAÍM É, TÁ AN SCÉAL INA PHRAISEACH...

TÁ NA TOIRC SAOR, TÁ NA PRÉACHÁIN SAOR IS NÍL LAINCIS AR AN NGADHAR ACH OIREAD.

IS FÍOR DHUIT, A MHAC BÁN...

TÁ GO MAITH, NÍ CHUIRFIMID ISTEACH ORAIBH NÍOS MÓ AGUS TABHARFAD A THUILLEADH DEN ÉILICSIR DUIT CHUN DLÚS A CHUR LEIS AN OBAIR. SEO LINN!

NÁ BÍGÍ BUARTHA - MÚINFIMID CLEAS DO NA RÓMHÁNAIGH AGUS CABHRÓIMID LEIS NA DAOIR AG AN AM CÉANNA.

BA CHEART GO mBEADH AN tAILTIRE EASTÁTUS FAUNUS BREÁ SÁSTA LEIS FÉIN. TÁ AN OBAIR AG DUL AR AGHAIDH GO SEOIGH...

SEO LINN, A OBELIX! TÁ FIOS A GHNÓ AG OGAMAIX, DRAOI.

ACH TÁ NA TOIRC ALLTA AG ÉIRÍ GANN!

TÁ. AR AN TAOBH EILE DEN SCÉAL, BEIDH A THUILLEADH RÓMHÁNACH CHUGAINN!

TÁ SÚIL AGAM GO BHFUIL TÚTATAIS AG ÉISTEACHT, A ASTERIX!

TÁ AN CEANTÚIR TÓINIBUS SÁSTA CHOMH MAITH. CUIREADH COISTE GNÓ AR BUN CHUN DUL I nGLEIC LE STÁDAS NA MÁISTRÍ i gCOMPARÁID LE STÁDAS NA nOIBRITHE.

A THÓINIBUS, TÁIM CHUN DUL CHUN NA RÓIMHE LE RÁ LE CAESAR GO BHFUIL AG ÉIRÍ GO SEOIGH LINN.

NUAIR A THÓGFAR NA CHÉAD ÁRASÁIN AGUS NUAIR A LÍONFAR LE RÓMHÁNAIGH IAD, BEIDH COILL NA CINSEALACHTA TAR ÉIS NA GALLAIGH IS A gCULTÚR A CHLOÍ!

IDIR AN DÁ LINN BEIDH GO LEOR ATHRUITHE LE CUR i gCRÍCH!...

ÉIST LEIS AN nGLAOCH CHUN BIA – SOCRÚ NUA A CHUIR AN COISTE GNÓ i bhFEIDHM...

AN TÁILTÍRE EASTÁTUS FAUNUS TAGTHA ÓN nGAILL CHUN FOCAL A BHEITH AIGE LE CAESAR!

LIG ISTEACH É!

ÁIVÉ, A CHAESAIR. IS GEARR GO MBEIDH NA CHÉAD ÁRASÁIN TÓGTHA I gCOILL NA CINSEALACHTA!

MÁ ÉIRÍONN LINN RÓMHÁNAIGH A MHEALLADH CHUN CUR FÚTHU SA GHAILLTEACHT, BEIDH INA VENI, INA VIDI AGUS INA VICI AGAINN!

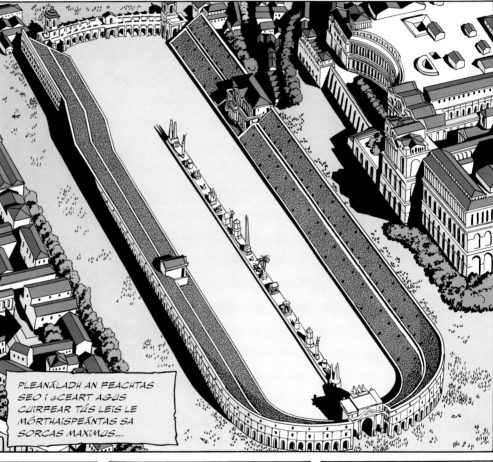

TÁIM AG OBAIR AR FHEACHTAS BOLSCAIREACHTA CHUN PLANDÁLAITHE A MHEALLADH GO DTÍ COILL NA CINSEALACHTA.

PLEANÁLADH AN FEACHTAS SEO I gCEART AGUS CUIRFEAR TÚS LEIS LE MÓRTHAISPEÁNTAS SA SORCAS MAXIMUS...

MÓRTHAISPEÁNTAS

CRANNCHVR MÓR TAR ÉIS NA mBABHTAÍ GLIAIREACHTA

AN CHÉAD DVAIS: TIGH BREÁ NVA I gCOILL NA CINSEALACHTA

COINNIGH AN TICÉAD CRANNCHUIR A THABHARFAR DUIT AR THEACHT ISTEACH DUIT.

COILL NA CINSEALACHTA? CAD SA DIABHAL É SIN?

B'FHÉIDIR GO MBEADH MÍNIÚ AIR SA MHARMAR BOLSCAIREACHTA A TUGADH DÚINN.

SEAN GACH DÍ AGVS NVA GACH BIA... I gCOILL NA

AN BHFVIL TV BRÉAN DE SHRÁIDEANNA SALACHA AGVS BRV VAFÁSACH NA CATHRACH? AER VR FOLLÁIN ATÁ VAIT AMVIGH FAOIN TVATH...

TRÍ SEACHTAINE AR A MHÉID Ó LÁR NA RÓIMHE AGVS SEACHTAIN AMHÁIN Ó LVITÉIS (SA GHAILL

COILL NA CINSEALACHTA

COILEACH BINN A DHÚISEOIDH MUINTIR AN TÍ, FEAR AN TÍ AGVS NA PÁISTÍ ANN. CVIRFIDH AN TONSOR SLACHT AR AN BHFEAR I MARGADH NA nDAOR, ORDÓIDH BEAN AN TÍ BRICFEASTA DO NA PÁISTÍ SVLA dTÉANN SIAD AR SCOIL. NÍ GO dTÍ SIN A GHLAOFAR AR AN ORNATRIX CHVN A CVID GRVAIGE A CHÓIRIV AGVS Í AG BREATHNV AMACH AR DHAMHSA NA dTORC ALLTA SA PHÁIRC...

CVIRTEAR OIDEACHAS AR NA PÁISTÍ I SCOILEANN LAIDINE CHOILL NA CINSEALACHTA. LE LIN CRUINNITHE TVISMITHEOIRÍ AGVS DAO NOCHTFAIDH NA DAOIR A dTVAIRIM FAOI OBA NA nDALTAÍ. AG BRATH AIR SIN, D'FHÉADFAD GO LASCFAÍ AN DALTA NÓ AN MVINTEOIR. TÉAN FEAR AN TÍ AMACH AG OBAIR. MÁS SA RÓIM A OIBRÍONN SÉ, BEIDH SÉ SA BHAILE GACH SEACHTAINE CHUN OÍCHE MHAITH CHODLATA A FHÁ

CINSEALACHTA BÍ I DO DHIA BEAG!

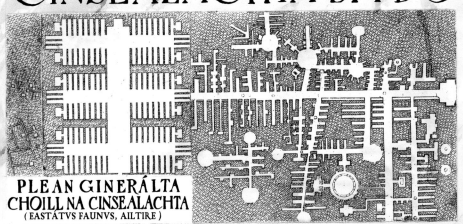

PLEAN GINERÁLTA CHOILL NA CINSEALACHTA
(EASTÁTVS FAUNVS, AILTIRE)

CISTIN   TRICLINIVM

PLEAN AN CENACVLA SAGHAS I

CVBICVLVM   ATRIVM   TABLINVM

CVBICVLVM

OLLMHARGADH (FÓS LE TÓGÁIL)

FOLCADÁIN IS GIOMNÁISIAM (FÓS LE TÓGÁIL)

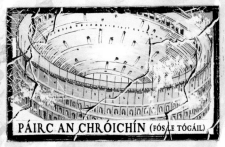

PÁIRC AN CHRÓICHÍN (FÓS LE TÓGÁIL)

BÍ ID' DHIA BEAG, DAR FIA!

AGVS Í LÉI FÉIN FAOI DHEIREADH, GLAONN BEAN AN TÍ AR A CAIRDE LE HAGHAIDH PRANDIVM. AS SIN GO DTÍ MARGADH NA NEARRAÍ SÓ (FÓS LE TÓGÁIL) AGVS IS ANN A BHEIDH ÉADAÍ AR A MIAN, SEODRA AGVS DAOIR. NVAIR A BHEIDH CUAIRTEOIRÍ AICI AGUS GÁ AICI LE DAOR BREISE, IS FÉIDIR CEANN A PHIOCADH SVAS I MARGADH NA NDAOR — FÉINFHREASTAL. IS GEARR GO MBEIDH SÉ IN AM CENA A VLLMHV MAR BEIDH AN CHLANN SA BHAILE GO LVATH!

NVAIR A THAGANN FEAR AN TÍ ABHAILE, TÁ ROGHA AIGE : NA FOLCADÁIN NÓ AN GIOMNÁISIAM LENA CHAIRDE, NÓ SIÚLÓID A DHÉANAMH AR CHOSÁIN NA PÁIRCE (AGVS RADHARC ANN AR DHAMHSA NA DTORC). BÍONN CLVICHÍ SORCAIS ANN I BPÁIRC AN CHRÓICHÍN (FÓS LE TÓGÁIL) AGVS FLEÁNNA CRAOIS IS CRAICINN GACH OÍCHE. CODLADH MAITH INA DHIAIDH SIN GO DTÍ GO NGLAOFAIDH AN COILEACH BINN I GCOILL AOIBHINN NA CINSEALACHTA!

AN LÁ DÁR GCIONN...

OBAIRMEICNIX
SEANDACHTAÍ

SCADÁNSAILLI
MANGAIRE ÉISC

IASC ÚR.
TRÍ SESTERTIUS
AN CEANN!

SESTERTIUS AMHÁIN A BHÍ ORTHU INNÉ!

SIN MAR ATÁ, A THAISCE... ACH IS SAOIRE FÓS IAD NÁ SA RÓIMH.

OBAIRMEICNIX
SEANDACHTAÍ

BREATHNAIGH, A STÓR. NACH MBREATHNÓDH SÉ GO HÁLAINN SAN AITRIAM!

AN BHFÉADFÁ CEANN ACU SIN A SHEACHADADH CHUGAINN? I NCOILL NA CINSEALACHTA ATÁIMID.

FAN, A STÓIRÍN...

?

CAD A CHOSNÓDH CEANN ACU SIN?

UM... DHÁ THORC ALLTA.

CÉ MHÉAD É SIN IN ÉISC?

NÍL AN SCIATH SEO AR DÍOL!

TOC! TOC! TOC!

A ASTERIX, CRAICEÁILTE, NA RÓMHÁNAIGH...

TÁ GO DEIMHIN.

TÁIMSE AG DUL AG SIOPADÓIREACHT. NÍL A THUILLEADH TORC FÁGTHA SAN FHORAOIS.

IASC AMHÁIN LED' THOIL.

CEITHRE SHESTERTIUS.

33

A CHAIRDE! TÁ AN BAILE LOITE AG NA RÓMHÁNAIGH AGUS FIAFRAÍM DÍOM FÉIN — AN CÓIR AN RUAIG A CHUR ORTHU?

MAR CHEANNAÍ ÉISC, NÍL AON LOCHT AGAMSA AR NA STRAINSÉIRÍ.

IM' GHABHA A BHÍOS-SA ACH BUÍOCHAS LEIS NA RÓMHÁNAIGH IS DÍOLTÓIR SEANDACHTAÍ ANOIS MÉ.

IS TUSA AN DUINE IS SINE ANSEO, A AOISABIX. AN CEART CEAD A GCOS A THABHAIRT DO NA STRAINSÉIRÍ?

BHUEL... UM...

IS BREÁ LEIS IAD A BHEITH INÁR MEASC! TABHARFAIDH SIAD CHUN SIBHIALTACHTA SINN!

ACH CAITHFIDH TÚ A ADMHÁIL GUR GALÁNTA É SEO NÁ NA BALCAISÍ SEO AGAINNE!...

TÁ MÉ FÉIN IS AOISABIX CHUN SIOPAÍ NUA A OSCAILT.

SIOPAÍ? CÉN SAGHAS SIOPAÍ?

TÁIMSE CHUN SIOPA SEANDACHTAÍ A OSCAILT AGUS OSCLÓIDH AOISABIX SIOPA ÉISC.

SEANDACHTAÍ? AR FHEABHAS — ACH DÉAN DEARMAD AR NA HÉISC!

SEANDACHTAÍ? NÍ AITHNEODH NA CUSTAIMÉIRÍ AOISABIX THAR NA HEARRAÍ.

AN AITHNEOFÁ AN DIFRÍOCHT IDIR MISE IS MO MHAIDE?

NÁ BAC LEO, A AOISABIX.

OSCLÓIDH MISE SIOPA ÉISC DE MO CHUID FÉIN AMÁRACH!

MISE ATÁ AG OSCAILT AN TSIOPA ÉISC!

NÍ OSCLÓIDH!

NÍL ÉISC LOFA AG TEASTÁIL UAIM IN AICE LE MO SHIOPA SEANDACHTAÍ!

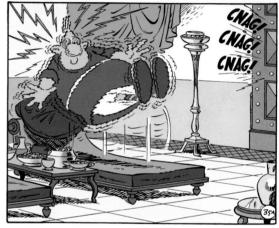

AGUS, GO DEIMHIN, AN MHAIDIN DÁR GCIONN...

HATH? TÁ SIBH AG IMEACHT? MAR GHEALL AR BHARD BUILE?!

NÍLIMID IN ANN É A SHEASAMH! TÁ DAMÁISTE DÉANTA DÁR GCLUASA. AR AIS CHUN NA RÓIMHE LINN!

TÁ NA STRAINSÉIRÍ BAILITHE LEO... NÍL FÁGTHA ACH TIONÓNTA AMHÁIN, GALLACH.

GALLACH? CÉN GALLACH É SIN?

AN BARD... DÁNRUDÉIGIN IS AINM DÓ...

DÁNDÍRIX? TÁ BOB BUAILTE AG NA GALLAIGH ORT! IS CRÁ CROÍ CEART É AN FEAR SIN! NÍL SEANS AGAT TIONÓNTAÍ NUA A FHÁIL!

MÁ FHAIGHEANN CAESAR AMACH GO BHFUIL AN FOIRGNEAMH FOLAMH, CUIRFIDH SÉ AN TIONSCADAL AR FAD AR CEAL!

ACH MURA BHFUIL ÉINNE SÁSTA BOGADH ISTEACH ANN...

NA SAIGHDIÚIRÍ I NDAINGEANUM! LIG DÓIBH SIÚD BOGADH ISTEACH ANN!

NÍ ÉISTEANN SIAD LIOM NÍOS MÓ... AR STAILC ATÁ SIAD.

MÁ ÉIRÍONN LEAT ÁITIÚ ORTHU, ROINNFIDH MÉ AN TÁILLE LEAT!

HMMM... TÁ GO MAITH... FEICFIMID.

AR BALL BEAG...

LORGAÍOS AN CRUINNIÚ SEO CHUN A RÁ LIBH GO NGLACAIM LE BHUR MOLTAÍ GO LÉIR... ACH TÁ FADHB BHEAG AMHÁIN AGAINN.

LÓISTÍN – CÉ NACH BHFUIL SÉ MAR ÉILEAMH FÓS AGAIBH, NÍ DÓCHA GO BHFUIL SIBH SÁSTA LEIS NA CAMPAÍ FUARA...

D'FHÉADFÁ A RÁ! IS FUAIRE NÁ HIBERNIA IAD NA CAMPAÍ SIN!

NÍLIMID SÁSTA É A PHLÉ!

AN CEART AGAT! AONTAÍM LEAT. DHEINEAS FORÉILEAMH AR CHOILL NA CINSEALACHTA! IS LIBHSE É.

D'OIBRIGH SÉ SIN AMBAISTE... ACH BÍ CINNTE BATA IS BÓTHAR A THABHAIRT DON BHARD SIN NÓ RAGHAIDH NA LÉIGIÚNAIGH AR STAILC ARÍS.

AN CEART AR FAD AGAT!

AR BALL...

TÁ TÚ AR AIS, AN BHFUIL? TUSA A CHUIR AN RUAIG AR NA STRAINSÉIRÍ AGUS FÉACH AN BHAIL ATÁ AR AN MBAILE ANOIS!

BÍONN BARBARAIGH GACH ÁIT. CAITHEADH AMACH AS COILL NA CINSEALACHTA MÉ. TÁ AN ÁIT TUGTHA ACU DO NA LÉIGIÚNAIGH.

HATH?

BARBARAIGH GACH ÁIT...

DUINE DÁR GCOMHTHÍRIGH CAITE AMACH AG AN NAMHAID! AN SEASFAIMID LEIS SIN?

CHOÍCHE!

NÁ CHOÍCHE GO DEO!

42

BHÍ AN FHORAOIS INA FORAOIS BHEANNAITHE ARÍS ROIMH THITIM NA HOÍCHE. NÍ RAIBH FÁGTHA DEN 'DUL CHUN CINN' ACH FOTHRACH THALL IS ABHUS...

A OGAMAIX, A DHRAOI, AN MBEIMID IN ANN SEASAMH IN AGHAIDH NA STRAINSÉIRÍ GO DEO?

IS DEACAIR A RÁ, A ASTERIX...

NEOSFAIDH AN AIMSIR!

NEOSFAIDH AN AIMSIR?

NEOSFAIDH MISE RUD ÉIGIN DAOIBHSE! TÁ NA TOIRC RÓSTA AGUS TÁIMID AR FAD AG FEITHEAMH LIBH!

SAN FHORAOIS BHEANNAITHE ATÁ LÁN DE THOIRC ALLTA, TÁ NA PRÉACHÁIN SONA ARÍS AGUS BUA MÓR EILE AR NA RÓMHÁNAIGH – AGUS A "NDUL CHUN CINN!" – Á CHEILIÚRADH AG ÁR gCAIRDE...

críoch
NA HEACHTRA SEO

.UDERZO.   GOSCINNY

sna tiortha Ceilteacha

Gaeilge
Asterix na nGallach
Asterix agus an Corrán Óir
Asterix Gliaire
Asterix agus Cléópátra
Asterix agus Troid na dTreabh
Asterix i dTír na Sasanach
Asterix ag na Cluichí Oilimpeacha
Asterix ar Pháirc an Chatha
Asterix i gCoill na Cinsealachta

Breatnais
Asterix y Galiad
Asterix a'r Cryman Aur
Asterix y Gladiator
Asterix a Cleopatra
Asterix a'r Cur Pen
Asterix a Gorchest Prydain
Asterix Milwr Cesar
Asterix a Tharian y Llyw Olaf
Asterix yn y Gemau Olympaidd
Asterix a'r Pair Pres
Asterix a'r Snichyn
Rhandir y Duwiau
Asterix a Choron Cesar
Asterix a'r Argoel Fawr
Asterix a Gwŷr y Gogledd

Gaeilge na hAlban
Asterix agus an Corran Òir
Asterix an Gladaidheatair
Asterix agus Cleopatra
Asterix agus na Sasannaich
Asterix aig na Gemannan Oilimpigeach
Asterix an Saighdear Ròmanach
Asterix agus an Cealgaire
Asterix ann an Dùthaich nan Cruithneach

Béarla na hAlban
Asterix the Gallus
Asterix and the Gowden Heuk
Asterix the Bonnie Fechter
Asterix and Cleopatrae
Asterix and the Sassenachs
Asterix and the Olympic Gemmes
Asterix the Roman Sodger
Asterix and the Pechts

daleneireann.com

Asterix i gCoill na Cinsealachta
A céadfhoilsíodh faoin teideal *Le Domaine des dieux*
© 1971 Goscinny/Uderzo
© 2000 Hachette Livre
© 2019 Hachette Livre as an bhfoilsiú seo agus as an aistriúchán Gaeilge
ASTERIX®–OBELIX®–IDEFIX®

Arna fhoilsiú ag Dalen Éireann, An Cladach, Clais Mhór, Eochaill, Co. Chorcaí, P36 AP22
Dalen (Llyfrau) Cyf, Glandŵr, Tresaith, Ceredigion SA43 2JH, An Bhreatain Bheag
An chéad chló 2019
ISBN 978-1-906587-93-2
Aistritheoir: Gabriel Rosenstock
Litreoireacht: Lannig Treseizh
Arna fhoilsiú le cabhair ón gComhairle Ealaíon

Arna chlóbhualadh sa Bhreatain Bheag ag Cambrian